ためのコミュニケーション営為に関する省察

教育のためのコミュニケーション営為に関する省察

目次

序章　教育のためのコミュニケーション営為を問い直す

教育の営みは人間誕生とともに生じ、母語とともに継承されてきました。

人間は、原始、家族や部族を形成し、その生命を維持するために山野を跋渉し、植物採取や狩猟によって食を満たし、家族の生活や部族社会を維持してきました。狩猟には狩猟者の緊密な連携と協力が必須であり、狩猟の情報や手段や指示などが伝えられ、実体験として技量の修練が行なわれてきました。また部族内の生活では子女の養育や身辺処理や家事の中で、極めて自然な日常の行動様態において、親密な「関わり」や「コミュニケーション」によって、知識や感情などの交流が行なわれ、「真似る」という営為を通してさまざまな知恵を「学び」、部族内の習俗や、祭祀や、狩猟や、手工や、文化などが継承されてきました。

原始社会における「コミュニケーション営為」は「教育的な営為」に他ならなかったのです。それは現代社会においてもまったく変わりはありません。

人間はその出生から授乳や養育や行動・生活過程を通したさまざまな「関わり」や「コミュニケーション営為」によって、母語を始め身辺処理や行動様態などを身に付け、知識や技能や知性などを育んできました。

部族社会の内や一般家庭における「コミュニケーション営為」は「教育の始原であり原形である」のです。

A・R・ウォーレスによれば「人間の知的な仕事の多くは模倣（すなわち学習）のおかげであって、理性の行使によるのではない。」と論証しています。しかし、ダーウィンは「人間は模倣によって石の斧やカヌーを、いきなり作ることはできない。人間には練習が必要である。」と、前者を補足した論定を行ってています。

『教育コミュニケーション論―「関わり」から教育を問い直す』（杉尾宏編著）には、「いかなる時代、いかなる社会であれ、人間という存在は教育を行ってきた。人間の歴史は教育の歴史でもある。そして教育は常に『コミュニケーション営為』を通して営まれてきた。」と論述されています。

教育が学校という制度と施設において行われるようになったのは、僅か数百年のことにしか過ぎません。学校は一定規模の施設を整備し、教室や体育館や講堂などの教育・学習のための空間を構成し、子女を一定数編成し、専門職の教師を配置して、専ら効率化を企図した、集団的な教育（マス・エデュケーション）が行われてきました。

教師や生徒たちも、こうした制約された行動空間において、授業や講義やゼミなどの「コミュニケーション営為」によって「教育的な営為」が行われることになります。

日常的な生活環境とは大きく異なる空間や時間や集団行動などに規制され、「コミュニケーション営為」においても特異な状況を現出します。

教育は、教科書や、絵図や、教具や、事象などを教材（媒体）として、教師と学習者とのコミュニケーションによる、能動的な関係を通して思考や認識や行動などに作用して行われる営為であり、必然的にコミュニケーションが介在します。コミュニケーションが十全に機能しなければ、教育の成果は期待できません。

教師は生徒や学生に対して、「説明したり、問い掛けをしたり、課題を与えたり、問答したり、助言したり、励ましたり」、学習者が理解した「事象や知識を確かめたり、思考や疑問を啓発したり、具体的な行動を促したり」して、生徒や学生とともに「コミュニケーション営為」を行って、「教育的な営為」としての教育・学習活動を展開させていきます。

教師はこのような「コミュニケーション営為」を通して教育活動を行い、生徒や学生に、新たな事象や、知識や、技能を伝え、その習得を成就させて「自己形成に質する」営為を行っていくのです。

何よりも教師は「コミュニケーション営為」によって「教育的営為」を職責とし、専門職としての一定の社会的な役割に従事しているのです。教師の「専門性」とは「コミュニケーション営為」にこそ求めらるものと考えられられます。

しかし教員資格取得のための教職課程の履修において、「コミュニケーション営為」が中心的な課題として重要視されてきませんでした。また例え、知識や理論を学んだとしても、教育現場において直ちに有効に機能するような単純な問題ではありません。

おそらく私を含め多くの現場の教師は、このように「教育」と同義にも等しい「コミュニケーション営為」に関わる確かな知識や認識を持たないまま、教職に就いたのが実態でした。およそ「日常生活の延長線上のコミュニケーション営為」に拠って教壇に立っていたのです。

私の経験では、「教育的営為」の大半の部分において、「コミュニケーション営為」に適正を欠き、時には極めて恣意的であったり、独善的に過ぎたりしたことを認めざるを得ません。言えば、「出たとこ勝負」、「行き当たりバッタリ」、「中途半端」な「コミュニケーション営為」に終始し、曖昧であったり、停滞や偏りに陥ったり、コミュニケーションの「不足」や「ミス・マッチ」や、「過誤」や「回避」などの、不安定な「ディス・コミュニケーション事態」を続けてきたように思います。

近年教育現場では、「学級崩壊」や「いじめ」や「校内暴力」や「学力の低下」などの事態が憂慮され、教師のコミュニケーションの「不足」や「働きかけ」の「不適切さ」が指摘され、非難されています。

教育の実際における教師の「コミュニケーション営為」を問うことは、同時に「ディス・コミュニケーション事態」を問うことであり、教育の根幹の問題として教師のコミュニケーション営為に関わる「専門性」が問われ、その「資質」が問われているのです。

前掲の『教育コミュニケーション論』(杉尾宏編著)には、「ディス・コミュニケーション事態」、すなわち「差異、異質性、隔たり、伝わらなさ、わからなさ、といった事態」と記されています。

しかし、ディス・コミュニケーションは教育現場に限ったことではありません。普段の日常生活や職場など社会全般に渉って、常に生起する事態であり、現実にディス・コミュニケーションを経験したことのない人は皆無ではないでしょうか。

コミュニケーションは極めて広範な複雑な領域に関わる問題であり、ディス・コミュニケーションは、さらに難解な領域に属する問題です。誤解や反発や無視や無理解など、明確には意識されない「ブラック・ボックス」のような事態として生起し、仮定による理解や容認に依拠するしか対処の仕方がありません。

コミュニケーションはディス・コミュニケーションを内包したものとして捉えられ、社会生活や日常生活においても、意思の「伝え合い」と「伝わらなさ」という、相反する矛盾した事態を余儀なくしています。コミュニケーションは互いのコミュニケーションの不完全さを、補い合いながら成立します。不完全なまま相手に委ねられた「ことば」は、相手の解釈によって補われるのです。

コミュニケーションとは、不完全な話し手と聞き手とが、互いを補い支え合う中で生じる関係です。教師は自らのコミュニケーションの不足に心を配り、生徒の感性や考え方や「つまずき」の実態の把握を怠ってはなりません。

ゲオルク・ジンメルは「教育は不完全なのが普通である」と論断しています。教育は失敗の許されない営為であると考えられていますが、教育活動の実際は常にパーフェクトではあり得ません。教師も学習者もそれぞれに個性的な存在であり、成育環境も感じ方も考え方も異なり、ディス・コミュニケーションに陥る可能性が常に存在します。しかもその陥穽に「気付かないまま」経過する事態が決して少なくありません。

このように教育活動の実際において、ディス・コミュニケーションを回避することは難しいのですが、ディス・コミュニケーションを意識して行う教育活動と、全く意識しないで行う教育活動とでは大きな違いがあるものと考えます。教師の行う教育的営為は、常に生徒の主体を変容していくプロセスに求められるとするなら、教師もまた主体的な変容をしていかなければなりません。

コミュニケーションをより確かにし、教育の成果を期するためには、体系的なコミュニケーション機能についての理解と、ディス・コミュニケーションについての基本的な認識は不可欠なものと思考します。

つまり、実際に教育活動を構成し実践に具現化するためには、一貫した理論的なバック・グラウンドがなければなりません。教師の教育的営為は、ともすれば保守的(マンネリ化)に陥りやすいものです。

『教育のためのコミュニケーション営為に関する省察』は、私の教職経験において、コミュニケーションの不足や誤謬に満ちた営為を繰り返してきた事跡に対する、反省や悔恨や自己嫌悪や自己否定の葛藤のプロセスを通して模索し続けた立場からのアプローチであり、一端の問題提起として整理を試みたものです。

第一章では「コミュニケーション営為」の機能を概観します。

第二章では教育におけるディス・コミュニケーションを検証します。

第三章では学校・教育活動における「コミュニケーション営為」の具体例のいくつかを紹介します。

第四章では教育活動におけるコミュニケーション営為を支える視点を提起します。

終章では「省察」において訴えたかったことを簡潔に「まとめ」ました。

第一章　コミュニケーション機能の全体を把握する

コミュニケーションは一般に「意思の疎通」という意味で了解されていますが、『広辞苑』新村出編（岩波書店）には、「1 社会生活を営む人間の間に行なわれる知覚・感情・思考の伝達。言語・文字・その他視覚・聴覚に訴える各種のものを媒体とする。2 動物相互間での身振りや音声などによる心的内容の伝達。」とあります。また『岩波国語辞典』西尾実・岩淵悦太郎編には、「気持・意見などを言葉を通して相手に伝えること。通じ合い。」とされています。

さらに『岩波英和辞典』島村盛助・土居光知・田中菊雄共著「communicaton」には、1）伝えること　2）言語・書類で伝えること、通信・報道・観察の報告書　3）交通・通路・連絡」とあります。

ここでは「書類・通信・報道・連絡」など「言語による伝達」に加え、「交通・通路」など特に「言語を用いることのない」事項も挙げられています。

一体、「コミュニケーション」という概念は、私たちは普段の社会生活の中でどのように理解されているのでしょうか。

斉藤孝（明治大学教授）は『コミュニケーション力』（岩波新書）において、「コミュニケーションとは何か。端的に言って、意味や感情をやりとりする行為である。一方通行で情報が流れるだけでは、コミュニケーションとは呼ばない。テレビをみている行為をコミュニケーションとは言わないだろう。やりとりする相互性があるからこそコミュニケーションといえる。やりとりするのは主に意味と感情だ。情報伝達＝コミュニケーションというわけではない」と述べています。

確かに、私たちの日常のコミュニケーション活動を端的に説明していますが、テレビ視聴や新聞講読などマス・コミュニケーションをまったく除外してしまっていいのだろうか。また読書についてはどうなのだろうか。

外語は多義的であり日本的な感覚では説明しきれないものがありますが、辞書に記載されている事項と齟齬を来たしはしないのでしょうか。

「コミュニケーション営為の省察」に当たっては、コミュニケーション機能についての基本的事項の理解が基底になければなりません。

「広辞苑」や「岩波国語辞典」に記載されている事項を分節しみましょう。

①知覚・感情・思考―②言語など各種の媒体―③人間の間に行なわれる伝達

①気持・意見など―②言葉を通して―③相手に伝えること・通じ合い

つまり①は「知覚・感情・思考＝（意味内容・情報）」②は「媒体＝（言語）」③は「伝達方法＝（伝えること・通じ合い・営為）」と捉えられます。そしてこれらは統合的に一体のものとして機能します。

表紙裏面に掲げた「コミュニケーション機能関係図」は、コミュニケーション機能の全体を概観して図示（私案）したものですが、いくつか事例を挙げながら解説しましょう。起伏のない平面図から起伏のある「ディテール」を読み取っていただきたいと思います。

「関係性・応答性」

コミュニケーション営為は、他者との「関係性・応答性」が基本であると考えました。「関係性・応答性」は、「話す・聴く・応える」などの相互関係に成立します。コミュニケーションの要諦は「話す・伝える」ことだけでなく、相互に「聴く・理解する・受容する」働きが機能しなければなりません。

コミュニケーションは単なる「ことばの伝え合い」なのではなく親密な関係における「思惟や情意の伝え合い」なのです。ブリース・パラン（フランス・哲学者）は、「およそ意味や思惟を離れた言語は、空疎な記号、ないしは音響にすぎない」と指摘しています。

「関係性・応答性」における人と人との関わりは、友好な関係において行われ「思い遣り」や「個性尊重」や「ラポート（心の通じ合い・信頼感・親密性）」などに基づく意思の働きが肝要であり、コミュニケーションに欠かせない根源的な問題であると言えます。

最も卑近な例ですが、私たちが日常的に交わす挨拶は、相手が挨拶を返して初めて挨拶として成立します。

コミュニケーション営為は「親密な一体感に満ちた関係」による「伝え合い」を行う「ヒューマン・コミュニケーション」でなければなりません。

ことばによるコミュニケーション

コミュニケーションは、バーバル・コミュニケーション（言語によるもの）とノン・バーバル・コミュニケーション（言語にによらないもの）に分けて説明されます。通常、コミュニケーションは言語を用いて行われますが、映像や絵図や記号や身振りなどによっても行われます。

原始、部族の集団生活を維持するためには、コミュニケーション機能が果たす役割は必須のものでした。生存のための狩猟において、獲物の所在や捕獲の方法などが、リーダーの合図や指示によって行われました。

ライオンやオオカミなどの野生動物の狩猟行動にも、同じような集団的行動が見られますが、本能的な学習によるものであると考えられます。また猿の集団においては、叫び声や微妙な発声の変化によってコミュニケーションが行われている事実も確認されていますが、ことばの生成には至っていません。

原始における言語は、コミュニケーションの必要から生まれ、発声器官の分化とあいまって、部族集団の小さな地域ごとに生成し、コミュニケーション活動によって共有され、言語環境を形成して人間的・社会的な営為を豊かにしていったのです。

こうして部族集団ごとに生成した言語は、やがて英語やフランス語・中国語・日本語などに分化・多様化し、それぞれに異なった発語や書記をパターン化して生成しました。「人間は社会的な動物である」ということは定説ですが、「人間の社会性」はコミュニケーション活動に大きく依拠したものと言えます。

ことばによらないコミュニケーション

ことばによらないコミュニケーション（ノン・バーバル・コミュニケーション）には、さまざまな事象や映像や絵図などを媒体としたメッセージによるものや、身振りなどの身体表現によるものがあります。

街頭のさまざまな宣伝広告やテレビ映像などは言語を伴って提示されますが、例えば公共施設における、トイレや公衆電話の案内絵図、「自動車の進入禁止」や「自転車走行」の道路標識などは、「言語化」されて認知されます。

身体表現によるノン・バーバル・コミュニケーションには、声の調子や表情や、両手を挙げたり、首を傾げたり、握手をしたり、肩を抱いたりして伝える意味や想いを強調し、新たな意味が付加されたりします。また「目配せ」などは「様子を見に行け」とか「席を外せ」とか、その場の状況によって意味づけされます。これらは「ジェスチャー」「スキンシップ」「タッチング」などの行為であり、「ボディ・ランゲージ」と呼ばれています。

手話については「身振り言語」のように捉えられがちですが、言語体系が基礎になければならず、手話に用いられる所作は、シンボルやサインに相当するものなのではないでしょうか。例えば胸に手を当てる所作には、「心配・怖い・安心」などの意味があります。

言語習得と学習と人間形成と

言語の習得は乳幼児期における言語環境によって行われます。乳幼児は母親や家族の慈しみの中で成育し、周囲で発せられる言語刺激をまねて発声し、次第にその言語の意味を知るようになっていきます。

言語環境は言語習得にとって必須要件であり、日本の乳幼児が英語の言語環境において成育した場合、日本語ではなく英語を習得するようになります。

乳幼児の言語習得に関わる機能の発達には、次図のような感覚器官の統合過程が認められます。

聴覚の発達は母体内において始まり、吸乳活動によって発語に必要な口唇の発達が進み、視覚に続いて手指などの発達が促進されます。

喃語の段階からカタコトことばが表れ、表象の機能が進み語彙が増え、意思を伝える発語に発展し、視覚や手指の発達に伴って書記言語の習得に進み、文脈の整った文章を読んだり書いたりできるようになります。書記言語の習得には学校教育がその大部分を担っています。

書記言語を習得して、文章を読んだり書いたりする学習を通して多くの知識を身につけ、思考を働かせ、抽象的な概念や知性や感性を伸長させていきます。

機能関係図の［言語（表象・語彙・書記）］［話す・聞く・読む・書く・理解］［知識・思考・感性・意欲・行動］［認識・思想・文化・科学・技術］等々は、言語機能の発達過程を概略的に表したものであり、幼児期における直観的思考の段階から、児童期の具体的操作的思考の段階を経て、さらに高次

言語発達における感覚器官の統合過程

聞く	耳			
話す	耳	口		
読む	耳	口	目	
書く	耳	口	目	手

乳児期 ―― 聞き分けるが話せない。
幼児期 ―― 話すことが活発になる。
学齢期 ―― 文字言語の習得がすすむ。
言語・精神の活動が充実する。

言語発達は、例外なく『聞く』ことを基盤として発達する。
聴覚障害児の言語発達の困難さは、実にここに由来する。

の抽象的概念的思考にいたるまでの発達のプロセスを、「教育・学習・読書」による「生涯学習」に位置づけています。

言語を駆使した概念操作による学習の成果として「知識・思考・意欲・感性」などが豊かになり、「認識・思想・文化・科学」の成熟に繋がるものとして提示しています。

これらは教育や学習に拠る部分が多く、新たな概念操作によって形成される「人間的資質」は、ごく単純化して言えば「創造性」や「主体性」であると考えます。「創造性」はさまざまな困難や変化にも対応する心性であり、基本的生活習慣の形成や、人間的な資質を高めることに繋がります。

学習は絶えざる人間的資質の向上・人間形成の過程なのであり、生涯に渉る人間の営為なのです。それはまた「生きる」ことと同義でもあります。

人間の思考や感性は、豊かな文化や高度な科学技術を伸展させていきました。例えば、ヨーロッパにおける、教会建築や優れた絵画や彫刻や文学や、科学・技術の進歩などは、そのことを明白に物語っているのではないでしょうか。

読書と人間形成と生涯学習と

読書は「生涯学習」そのものと言えます。斉藤孝教授は、『読書は単に情報の摂取のためにあるばかりではない。思考力を鍛え、人間をつくるものだ。』と述べ、さらに『私は、自分自身の自己形成が、読書に大きく負っているということを認識している。自分が考えるときに、読書によって培われた思考力が生かされているのを感じる。』と語っています。

私も同じような読書経験があります。小学生の時に『小公子』や『黒馬物語』や『黒いチューリップ』などの児童文学書を心踊らせて読んだ記憶が、何時までも懐かしく思い出されます。また伯父の書棚から持ち出した『宮本武蔵』吉川英治著の全八巻を、難しい漢語のルビを頼りに読了したことも覚えています。

戦後間もない高校生の時には、当時のアプレゲール文学集団の中村真一郎などの小説や、福田恆存の歯切れの良い評論にも惹かれて、よく理解できないまま背伸びして乱読していたようです。

特に『マチネ・ポエティク詩集』の中の、読み方も意味も知らなかった「虚妄・虚無・不毛・悔恨・無垢・深淵・孤独・忘却・索莫・彷徨・豊穣」などの熟語に触れ、苦労して辞書で意味を調べ、自らの心性に照らして自省する契機を得たように思います。

私たちは自分の知っている語彙の知識によって思考したり行動したりします。したがって語彙が豊かでなければ思考も深まらないことになります。

読書によって新たな知識や知見を得ることができるだけでなく、「考え方」が鍛えられ、論理性についても多くを学ぶことができます。また読書には日常的なコミュニケーションではよく理解できなかったことが、鮮明に理解できたりすることがあります。

さらに読書の習慣を身につけ、自らの価値感のフィルターを通して、新たな価値感の再生産を行なっていくことに読書の価値があります。私は手元の書籍を何度も読み返し、蓄積された先賢の優れた知見や思索に触れ、その度に新しい発見があり、自らの感性や思考に蘇らせ、自らの知見を再構築しながら日々読書しています。

私は「一日一善」の格言に倣って、「一日一書を求め一思一考を進めよ」と、自己流の「座右の銘」を挙げています。「一書」は必ずしも書籍を意味しません。肝要なことは「一思・一考を進める」ことにあります。それを簡潔な文章に記述することによって、思索が確かになり、より認識が深められます。

経験による学習

森有正（哲学者）は「人間は経験を離れては存在し得ない」と述べています。またゲーテ（ドイツの文豪）は、「初めに行動があった」と啓示していますが、「行動」は「経験」と同義に等しく捉えられます。

人間は、何よりも社会的な環境に生まれ、具体的な行動を通した経験によって身の回りに生起する事象を学習し認識し思考し行動します。社会的な行動と経験による学習はかけがえのない「生涯学習」に他なりません。

子どもの感覚の発達は、さまざまな人間らしい活動を可能にする、基礎となるものですが、逆に、子どもの人間的な活動こそが、さまざまな感覚を発展させることになります。特に「子どもは遊びの中で育つ」と言われるほど、遊びによる実体験は、子どもにとって欠くことのできない必須のものです。何よりも遊びには、自由な空間があり、多くの仲間がいて、ある種のルールがあり、溢れるような活発な活動があります。

私たちの子ども時代には、学校から帰ると宿題もそこ退けで、家を飛び出して仲間と相撲や草野球に興じたり、木登りを競ったり、トンボや蝶を追いかけたり、野花を摘んだり、夕方暗くなるまで遊びに熱中したものです。時には喧嘩になることもありましたが、翌日には普段と変わらない仲間に戻っていました。

また庭を掃除したり、井戸から水を汲み上げてバケツを引きずるようにして家に運んだり、玄関を掃除したり、買い物をしたりなど、日常生活における手伝い仕事の経験も貴重な学習だったのであり、その中で身につけたり学んだりしたものは、特に意識されたものではありませんでしたが、私の人間形成の基底に計り知れない何かを培い蓄えてくれたものと確信しています。

しかし、最近はゲームなどに熱中する「一人遊び」が増えて、友達と遊べない子どもが育っています。また整備された遊具でしか遊ぶことのできない幼児園児の様子や、遠足で郊外の小川に行った時、綺麗な小石を集めてたり、小さな池を作ったりして遊べない様子についての報告もあります。

マス・コミュニケーション

現代は「情報化時代」と呼ばれるように、通信衛星が宇宙を飛び交い世界中のさまざまな情報が通信ネットによって瞬時に伝えられるなど、大量の情報が世界中を席巻するグローバル化がもたらす影響は計り知れないものがあります。

特に最近に至っては、電子科学によるデジタル化によって、パーソナル・コンピューター（パソコン）や携帯電話などが急速に普及し、デジタル・メディアによる情報が混然と増幅・肥大化され、コミュニケーション機能も複雑に多様化してきました。インターネットなどによる情報のグローバル化はさらに情報の膨大化を加速して留まるところを知らない状勢です。

マス・コミュニケーションは『岩波国語辞典』によれば「〈マス〉—集団、多数、大量、大衆。〈マス・コミュニケーション〉—新聞・雑誌・ラジオ・テレビジョン・映画などの手段（マス・メディア）を通じて、一時に多数の大衆に伝える大量的な伝達『略してマス・コミ』とも言う。」とあります。

斉藤孝教授は「一方通行で情報が流れるだけでは、コミュニケーションとは呼ばない。テレビのニュースを見ている行為をコミュニケーションとは言わないだろう。やりとりする相互性があるからこそコミュニケーションといえる」として、一方通行システムの「マス・コミ」をコミュニケーションからを除外する見解を提示していますが、「応答性」を重視するあまりの強調かも知れません。

確かに、それが「一方的な情報伝達」であるとしても、コミュニケーションとしての独自な機能を持つものとして考究していくことが必要です。

マス・コミ報道機関は、「一般大衆に対する社会的な報道機能・機関」であり、情報提供は発信する側から一方的に行われるシステムであり、それ故に公正性や公共性が強く求められています。

しかし私たちはその一方的な巨大情報を、否応もなく目にし、耳にする生活を余儀なくして日常を送っています。当然意識するとしないに関わらず多大な影響を受けていることは確かです。

中近東の紛争やテロによる殺戮や町の破壊の状況を、リアルタイムで知ることができ、世界各国の政治動向や経済情勢、アマゾンの少数部族の暮らしや、極寒の空を彩るオーロラの神秘的な映像も、自宅の寛ぎのなかで視聴できます。また公器である新聞の「捏造記事問題」や、テレビの「やらせ問題」など虚偽な報道が露呈され、大きな社会問題となりましたが、ある調査では、新聞報道に対する「信頼度」は、ヨーロッパでは三割前後であり、日本では七割強であるとされます。一般市民にとって新聞やテレビは貴重な情報源であり、報道に大きく影響される事態は否定できません。

このような圧倒的な情報の横溢状況の中で、当然その全てに対応できるはずがありません。何らかの選択や捨象が行われ、必要な情報だけを受容して、理解や認識や思惟や行動を働かせることになります。私たちは好むと好まざるとに拘わらず日々選択の必要に迫られています。「何を如何に選択するか」という問題は、これからの人間社会にとって最重要な課題であります。

コミュニケーション・ハビットとディス・コミュニケーション

ハビット(habit)は『岩波英和辞典』に、「『身についたもの』体質、気質、習慣、習性。」とありますが、人は個性的な存在であり、コミュニケーションにおける話し方や聞く様子や態度などに独自なバリエーションが認められます。

コミュニケーション・ハビットは、個々人の活発なコミュニケーション活動によって形成され、「身についたもの」の総称と言えるでしょう。

コミュニケーションという外語は、社会的にも日常的にも多用されていますが、「ディス・コミュニケーション」という語を耳にすることはあまりなかったことと思いますが、『カタカナ・外来語・略語辞典』堀内克明監修(自由国民社)の解説によれば「コミュニケーションが成り立たないこと・伝達不能」とあります。

私たちは活発なコミュニケーション活動によって、新しい知識や考え方の多様性や触発された感受性や論理性などの多くの利益を享受することができますが、反面、思わぬ不便や不利益を被ることがあります。

ことばやコミュニケーションには常に不確かさや曖昧さを避けられないという問題があり、ことば足らずだったり、話がかみ合わなかったり、歪曲されて理解されたりする事態が起こり得ます。誤解を招いたり、中傷や誹謗、虚偽や恫喝に発展して、人の心を傷つけたり、不幸に陥れるようなことも生じます。

通常行われるコミュニケーション活動は、伝えられたことの大部分を「平均値」のような、ある種の「共有された理解」として、コミュニケーションが保たれるという、不確かさにおいて成立する事態が現実なのです。

つまりコミュニケーションには「伝い合い」と「伝わらなさ」といった矛盾した二つの面が存在します。パーフェクトなコミュニケーション活動は有り得ないと言っても過言ではありません。

このようにコミュニケーション・ハビットやディス・コミュニケーションなどは、コミュニケーション活動の全般にに関わる問題として捉えられ、「作用関係」の総体を「　」で括って図示しました。

第二章　学校・教育活動におけるディス・コミュニケーションを検証する

周知のように、学校は一定規模のキャンパスの中に、相当規模の建造物を設備し、相当数の人員を擁して、定められたシステムに基づく体制を維持して、公的な役割を担って教育的営為を行ってきました。

学校という限られた施設の教室や講堂などの空間において、一定数の学習者を集め、専任の教師を配置して、定められた学習課程による教材（媒体）を介して所定の時間設定のもと、一定の教育的営為が行われてきたのです。

つまりは、「施設＝（建造物）」と「システム＝（人為的・制度的規制）」と「フレーム＝（規模・人的配置）」と「媒体＝（情報・教材）」などの、複雑な制約の下に、言い換えれば「資金」「物」「組織」「機能」「情報」「人」などに大きく制約されてきました。これらはある種の統合的な関係において、多様に関連し合い、さまざまな制約の落差や妥協によって整備され、一定の地歩を維持してきたのです。

さらに整理して言えば、「空間」と「媒体」と「人」を必須要件として、そこに国情や社会的要請や行政的な執行対応よって、一定の「教育システム」を選択し、「フレーム」

を構成して、人為的なな規制や制約が課されているのです。

学校の施設・システムに関するディス・コミュニケーション事態

学校教育は、一定の施設や制度自体がある制約と秩序のもとに、「システム」を形成して機能し、近代的な教育的営為として構造的・制度的な制約の下に管理・運用される、最も効率的な「教育システム」として、多数の学習集団を一括りにした「マス・エデュケーション」が広く容認され、スタンダードな制度として位置付けられてきました。

このような環境と状況において行われる教育的営為は、一定の制約の下に行われます。これらについては多言を要しませんが、人々の居住制約や移動制約などと同様に、広範な社会環境において許容され維持されてきました。

例えば、都会では、金網のフェンスに囲まれた限定された空間の中で、さらに小さな教室空間を主活動のスペースとして、一定の時限の下に、それぞれの次元おける行動制約を余儀されているのです。

これらの制約には、人為的な「秩序」や「適応」などの問題がファクターとして関わっていますが、その関わりにおいて落差や軋轢や不都合を派生することがあり、その落差や軋轢や不都合の間隙に「ディス・コミュニケーション」が派生する可能性が生じます。システム自体にシステムが制約さるという自己矛盾的なジレンマを内包しているのです。

情報・教育媒体によるディス・コミュニケーション事態

教師による教育的営為は、何よりも一定数の集められた学習者を対象として、教科書という選択された情報をまとめた媒体によって、学習者に作用（教育）を及ぼす「コミュニケーション営為」を行なってきました。

つまり、「システム」と「媒体」と「人」とが、それぞれの制約条件によって一体化して機能するものとして理解されてきました。

選択された情報である教科書は、「媒体＝（情報・教材）」として教科書出版会社がそれぞれ独自に企画・製作したものを、文科省が検閲し許認可したものであり、既に一定の規制が課されているのです。

教科書にまとめられた教育媒体の内容や範囲などは、出版会社によって「違い」があり、「情報の取捨選択」によって制約されます。現代の溢れるばかりの膨大な情報が世界中を席巻する時代に、「伝えられる」ことには自ずから限界があります。教育活動が教科書教材を主要な教育媒体とする限り、教科書に制約されることはむしろ当然のことです。

さらに、定められた年間の授業時数によって、教科書教材の指導時間を配分して、学習進度を調整しながら、構成されたフレームによって具体的な教育活動が行なわれ、教師の執務内容や執務対応が定められます。

『日本進化論』落合陽一・筑波大学準教授（ＳＢ新書）によれば、「今の教育で教えられていることは、生きていくために本当に役立つだろうか。」として、「生徒全員が同じ科目をペースで勉強することを前提とした画一的なものです。」と指摘して、「現在、教師がメディアとして生徒たちに良質な情報を伝達できているとは言い難いでしょう。」とも述べています。

そして、「これからは、全員が同じペースで同じ内容を勉強するのではなく、各自が自分にとって大切なことを自分のペースで学んでいくスタイルが求められるようになる。日本の教育改革のための重要な指針は、教育の目的を『標準化』から、『多様化』にシフトさせることだと考えています。」と論説しています。

また、「こうした現状を打破するためには、教師たちの多様性を広げ、新たな『スキル』や『リテラシー』を身につけていく。」必要を言説しています。

教師と生徒の関係におけるディス・コミュニケーション事態

教師の教育的営為（執務内容）は、重層した「制約のフレーム」によって制約され、「学校」という教育施設と教育的営為によって教育者としての示威を顕示します。教師としての示威は、教師と生徒との関係において開示されます。

教師としての示威は、従前には父兄や世間一般にも波及していて、私の小学生の時代（戦時中）には、例えば生徒が先生に注意されたり、廊下に立たされたり、ゲンコツを見舞われたりして、そのことを親に告げても、「お前が悪いからだ」と問題にされませんでした。

教師は「生徒に有為なことを教える人」であり、生徒は「教えられたこと」を受動的に正しく覚え、身に付けなければいけないと、一般的に広く暗黙の了解ができていました。教師と生徒の関係は「上・下」の「権力的な関係」を形成していたのです。最近では、教師の権威が失墜し、父母らが教師に不満を訴え、教師の教育的営為の非や不足を、厳しく非難したりする事態が少なくありません。

しかし新しい時代になっても、長い経緯の中で形成されてきた「教師の権威」は払拭し難いものがあります。また全てを払拭しては教師本来の「教育的営為」を損なうことにもなります。

また教師は担任する生徒や生徒の集団の在り方にも制約されます。それぞれに成育歴も生活環境も既成知識などの異なる固性的な存在なのであり、しかも教師自身も同じような個性的な存在であり、生徒も教師もそのような関わりにおいて、互いに「制約し合う関係」にあると言えます。

教師の教育的営為は、学習者とのコミュニケーション（ことばの伝え合い）を通して行なわれ、互いのコミュニケーションが「能動的に機能」しなければ、ディス・コミュニケーションを派生して、期待した知識や思考や行動に作用する教育営為の成果を期待することはできません。

つまり、いくつかの「制約のフレーム」が相互に関連し合って、さらに新しいさまざまな「制約のフレーム」を生成するジレンマを内包しているのです。

戦後の教育界にあって、『村を育てる学力』などの優れた実践理論を構築してきた指導的教育実践家である東井義雄は「実践家は、毎日子どもとくらしながら、案外子どもを知らずにいるものである。師範の先輩から『子どもを見つめろ、とにかく子どもを見つめろ』と言われたものだが、私には、それが具体的にはどうすることなのか、さっぱり分からなかった。」と謙虚に述懐しています。

教師の資質や力量は、このことを原点として捉え、拠り所として営為されなければならないものと考えます。

授業スキルにおけるディス・コミュニケーション事態

教師の教育的な営為は、一定規模を有する学校施設と、その中の限られた空間である教室、あるいは講堂・体育館などを主活動としてしています。

特に教室における教育・学習活動にあっては、限られた小さなスペースの中で、およそ一人の教師と数人の生徒集団の相互関係においてコミュニケーション営為を通して行なわれます。

普段はその狭い空間における教育・学習活動は、他の人が見ることのできない「密室性」に固執しています。したがって教師の教育的営為や生徒の学習活動がどのように機能しているのか、公に開示されることは限られます。

教師のコミュニケーション営為や、生徒の学習活動の実際については、教室における「密室性」「閉鎖性」や、教師の「恣意性」「偏向性」「誤謬性」などが問われる要因となっています。

東井義雄も「実践家のともすれば陥り易い誤謬・偏向、あるいは停滞性というものを考えると、そういう誤謬・偏向・停滞に陥りながら、それを誤謬だとも、偏向だとも、停滞だとも気付かずに過ごし易いものをもっている。」とその苦衷を吐露しています。

教師の教育活動の構成や、方策や、指導スキルや、コミュニケーション営為において一定の教育環境に制約され、「固着的・閉鎖的・常套的（マンネリ化）」に陥るなど、教師の抱える問題の多くはこのようなパターン化された秩序に制約される側面を含んでいます。

ダビッド・ジョナス／ドリス・クラインは『マン・チャイルド―人間幼稚化の構造』

の中で、人間の「適応能力や獲得形質の発達は、必ずしも進化に働くのではなく、環境に対応した変化を及ぼすものに過ぎないのかも知れない。適応が一時的には有利に働くことは疑いないが、その環境状況にうまく適応してしまった時、停滞に陥りはしないだろうか。」と論述しています。

教育評価におけるディス・コミュニケーション事態

私は、およそ四十年に渉る教師生活の中で、数多くの生徒について学習成績の評価を行なってきました。新米教師の時代には、そのことに疑問を抱くことなく、極めて事務的に処理してきました。

私が小学生の時には「甲」「乙」「丙」の三段階評価から、「優」「良」「可」に変わり、高校生の時には「1～10」の数値による十段階評価でした。このような「成績評価」を全く疑問にも思っていませんでした。

戦後は、統計学の知見を導入して、テストの得点の散らばりを「正規分布」に位置付け、分布の状態を5段階に区分して、両端の1と5の評価点に相当する数を7％、2と4の評価点に相当する数を24％、3の評価点に相当する数を38％として、成績評価の「枠組み」が定められ、教師に半ば義務付けられてきました。

その後、このような一定の学習集団において「相対化・序列化」された「相対評価」

の評価方式を、生徒個々人の学習理解度を評価する「絶対評価」に改められました。しかし「絶対評価」の「絶対」という意味には、「相対性・品等化」が払拭されていません。「正規分布」の位置付けの規制が緩和されたに過ぎませんでした。「数値評定」そのものが「序列化・品等化」の要因であるのです。

実際に「成績評価」を執務する中で、その「信憑性」や「正当性」や「恣意性」や「欺瞞性」などに疑問を抱き、次第に苦痛と嫌悪の思いに呻吟してきました。

一時期「記述評価」が提起されましたが、いずれにしても教師一個人の主観に依拠した「教育評価」については、「根本的な見直し」が喫緊の課題ではないでしょうか。

現行の無機的な「数値」による教育評価も、簡潔な「文章記述」によるものにおいても、実質、学習の努力の経緯も成果についても、なんら有用な意味はなく、慣習的な「通知表」の形式的なシステムを踏襲しているに過ぎません。

教育評価における営為は、㋑教育価値の実現という観点から教育活動を位置付け、教育の改善を図っていく活動（橋本重治）㋺教育目標との関連において、教育という実践活動を検討し調整する活動（田中熊次郎）㋩教育目標追及と調整との間に介在するフィードバック機構（続有恒）とした言説が合意されています。どこにも「評価」という概念はなく、むしろ「診断」と「対策」といった目的が明らかです。

例えば、乗法九九のテストにおいて、7×4の九九を間違えて解答した生徒には、

7＋7＋7＋7＝?のような計算を生徒の能力に合わせて個別に診断的・治療的テストを行うなど、画一的なテストにない「診断的・治療的テストの実施」に努める対応が大切なのではないでしょうか。

言うまでもなく、教育の目指すものは、成長過程にある青少年に対して人間的な資質を高めるための援助を営為するものであり、知識や技能や行動力や思考力や社会的な適応力を育成するなどのさまざまな学習活動が行われるのです。

一九九六年の中央教育審議会の第一次答申の「21世紀を展望した我が国の教育の在り方について」には、次のような見解が述べられています。

「…これからの子供たちに必要となるのは、いかに社会が変化しようと、自分で課題を見つけ、自ら学び、自ら考え、主体的に判断し、行動し、よりよく問題を解決する資質や能力であり、また、自らを律しつつ、他人とともに協調し、他人を思いやる心や感動する心など、豊かな人間性であると考えた。（中略）こうした資質や能力を、変化の激しいこれからの社会を『生きる力』と称することとし、これらをバランスよくはぐくんでいくことが重要であると考えた。」と解説しています。

教育評価についてもこのような文脈において捉えられ、知識偏重の「テスト学力」ではなく、「能力の多様性」を評価する方向性を例示していますが、教育の現場では「ゆとり教育」や「個性教育」の場合と同様に、具体的・現実的な作用として機能していません。

そもそも、人間の知識や思考や認識など人間形成に関わる心的・内面的なものを、無機質的な数値や簡略な記述評言によって判断したり、認定したりできるのでしょうか。しかも、個性的で多様な存在である児童・生徒を、偏差値によって「品等化」したり「序列化」したりすることが、どのようにして可能であり許されるものなのでしょうか。

今日的な教育問題におけるディス・コミュニケーション事態

近年憂慮される教育問題として、小・中・高校では「いじめ」や「学級崩壊」や「不登校」や「学力低下」などの問題が挙げられます。

教師の指示や注意に従わず、授業中に勝手に立って歩いたり、走り回って騒いだり、私語や学習以外のことにかまけて集中できず、学習活動の秩序を乱すような問題が頻繁に起きています。「いじめによる自殺」も増え続けています。

このような、学習秩序の乱れは学習活動にも影響をきたし、他の児童・生徒の学習活動を阻害し、教師の教育営為も機能しない状態に陥り、学習が成立しないという事態を惹起します。このことは「学級崩壊」や「学力低下」や「不登校」や「いじめ」などの問題の重大な要因でもあり、これらは相互に関連し波及してさらにさまざまな問題を派生します。

ある調査では、「高校生の60％は自宅学習時間がゼロ」ということが明らかになり、「勉強しなくなった子ども」や「学習意欲に欠ける子ども」など「勉強離れ」の実情も報じられ、「階層格差」によるリスクなどが指摘されています。

これらの問題の背景には、教師のコミュニケーションの「不足や「不適切」」な対応などに起因している場合が少なくありませんが、行政機関や学校や教師はその抜本的な対策や対応が見通せず、徒に「対症療法的な対応」に終始したままに経過しています。

一方、大学教育においては、講義受講中に携帯電話の操作に熱中したり、私語を専らとしていたり、居眠りしたりする事態が蔓延しています。

「分数ができない大学生」の報道は衝撃的でしたが、「『矛盾』や『精神』を『無純』『精心』と誤記して平然としていて、表記される文字も『丸文字』がほとんどである（内田：神戸女学院大学名誉教授）」ということです。

また、学生が「学術書を読まなくなった」との指摘があり、大学教育における「学力崩壊」が拡散し加速しています。学生が講義を軽んじ、学術書も読まないということは、自らの思索行為を自ら閉ざすことであり、人間として学生として「ある種の自殺行為」であると言えるのではないでしょうか。

さらに、国のグローバル化政策による「効率」というマーケットの論理が教育現場に導入され、グローバルな人材の育成の要請を受けて、大切な「学びの場」が企業戦士の供給機関となってしまっています。学生の文学部や哲学離れが進み、情趣あふれる文学作品や「哲学的理念」などには全く無関心であり、若い世代に求められる「自己形成」などの人間としての根源的な営為を疎かにして恥じることがありません。自分の人生について「真摯に向き合う」ことに嘲笑的であり放棄しているかのように思えてなりません。

戦後世代の「国語・国字の乱れ」は多くの識者が指摘するところですが、最近はインターネットやスマートフォンの交信の中で、普通には意味不明のような短縮語や簡略語などが横溢しています。

小・中・高校における、「学習秩序の乱れ」や「学習習慣」や「学習意欲」の停滞や劣化や喪失といった事態を「引きずって」きているものとしか思えてなりません。

第三章　教師のコミュニケーション営為の実践事例

教育活動はその目的を達成するために教師と生徒や学生との間に行なわれるコミュニケーション営為であり、教師は所定の教材や課題を通して生徒や学生に働きかけ、生徒や学生が理解し、思考し、反応して変容するプロセスです。生徒や学生が「学ぶ」ということは、知識や技術の単なる習得にあるのではなく、教育活動において自らが受容したことの意味や価値が理解でき、そのような主体を形成してゆく「学び方」のプロセスにおける生成的な「自己形成」に資する「ダイナミックな営為」であるのです。

教育活動において、教師のコミュニケーション営為は極めて重要なファクターですが、生徒や学生の受容や理解は、さらに重要なファクターなのです。教師のコミュニケーション営為は、受け手である生徒や学生が、教師の意図することを解釈し理解して受容されることが前提に成立します。

多様性を共感するコミュニケーション営為

ある小学校の低学年における実践報告です。

理科のテストで「氷がとけたらどうなりますか」という設問に対して、ひとりの子どもが「春になる」と答えたそうです。この場合の正答は「水になる」です。

いったい教師はどのように対応したらよいのでしょうか。ただ無機的に誤答として×を付けて済ませてしまうのか、その子に何か「声をかけて」やったのか、クラスの子どもたち「全体に問いかけて」考えさせ、みんなで話し合いをさせたでしょうか。「春になる」という答えには発想にほのぼのとした微笑ましさを覚えます。クラスの生徒全体に共有させたいものです。

教師は子どもたちに「コップの中の氷は、溶けたら水になるけれども、地面や野山の水はどうなるだろうか」と問いを投げかけ、自由に小さなグループを構成して話し合いをさせます。またグループ間の意見交換も行わせます。生徒たちは席を移動したりして活発な話し合いを現出します。

生徒たちはどんなことを話題とするでしょうか。「道路が水浸しになる」とか、「水溜まりができる」とか、「排水溝に流れてしまう」とか、「川になって流れていく」とか。また「溶けた水は草や木を育て、川には魚やトンボの幼虫などが多くいる」などと、話題はドンドン拡がっていきます。やがて、「そうだ、水が溶けたら春になるんだ。」と大声で言い出す子どもがいて、生徒たち全員が「和やかな笑い」に溢れ、「春になる」と答えた子どもは、満面の笑みを漲らせました。

誤答には、いろいろな意味が隠されています。成育歴や家庭環境や学習状況や、幼児期・児童期を通して育まれてきた、瑞々しい感性や素朴な考え方などを伺い知ることができます。この事例にヒントを得て、遊びの要素を加えた「○○したら○○になる」遊びを試みました。「本を読んだら○○になる」「駆けっこしたら○○になる」とか「スーパーに行ったら○○になる」など、話題に事欠きません。

教育活動の構成や展開は固定的なものではなく生徒たちの視点や思考に沿って対応したものとして機能しなければなりません。「○○になったら○○になる」遊びは、単なる「ことば遊び」のようですが、生徒の日常や生活感情が読み取れるのではないでしょうか。「イン・フォーマル・エデュケーション」とはまた違った意味において、日頃の授業形態から離れた課外授業として「道草」をしてみることも肝要であると考えます。

行動を通して学ぶコミュニケーション営為

私が新任教師の頃（昭和二十年後半）ですが、北海道では開拓の歴史とともに、古くから僻地教育が盛んでした。戦後は都会で戦災に遭って住まいも職も失った人たちが、山間の地を開墾して移住した村落には僻地校が多くありました。

その僻地校の授業の一端を紹介します。三年生と四年生の小人数の「複式学級」における算数の授業でした。

授業が始まって間もなく、教師は三年生の生徒に大きな置き時計を持たせて、「10分でどのくらいの距離を歩けるか実際に試してきなさい。」と課題を与え、さらに「実際にどこまで行けるか」予想を発表させて、教室から戸外に出ていかせ、その間四年生の授業を続けました。

しばらくして三年生が教室に戻って来ると、結果の報告をさせ、感想や普段は気付かなかったことなど、四年生や教師を交えた「合同の話し合い」をしました。

この授業におけるコミュニケーション営為には、いくつかの大切な要因がありま す。①三年生に「実際にどこまで行けるか」予想させたことです。予想させることによって、学習課題をこどもたち一人一人に意識させ、学習意欲に繋げたことです。②は「結果報告」の話し合いに四年生も参加させて、三年生と四年生が一緒になって、学習課題を共有させたことです。③では教師が結果や、生徒の理解を整理したりせず、子どもたち自身の具体的な話し合いや、経験や、理解に委ねたことです。

「学ぶ」ということは、単に「教師に教えられたことを理解し記憶する」ことに止まるものではなく、既存の受容した事象や知識や経験に照らして、新たに体験した知識の意味や価値を確かめ、主体的認識を生成・構築していくプロセスを営為する、ダイナミックな行為であるのです。教育活動において、どこに焦点をおいて授業を構成するかによって、授業自体が大きく変わってきます。

失敗や誤答を大切にするコミュニケーション営為

小学二年生の乗法九九の指導事例です。

乗法九九の指導では、授業の初めに「乗法九九の呼称」を課することが定式化されていますが、数回のペーパーテストの結果、(4×7)(7×4)(8×4)(8×7)(6×7)などに誤答が偏っていて、習熟が徹底されていないことが判明しました。

このことを生徒たちに伝え、その原因や理由について話し合いを持ちました。意見では乗法九九の呼唱における(シ・シ)音の重なりと(イ列音)の呼唱に原因があることが解り、生徒たちも納得し、事後は誤答も激減しました。

教師がテスト結果を分析して、指導の手立てを一方的に計画するのではなく、生徒たち自身の問題として考えさせ、学習の定着を計ったのです。

主体的な学習の成立要件は、何よりも「自分自身の問題である」ことを自覚させるところに始まります。

乗法九九の指導を契機に、「誤答を大切にする」ことを指導の基底に位置づけ、誤答を導いた「思考のプロセス」を重要視してきました。

今の教育では成績評価のために「正答」が重視され、「誤答」が顧みられることはほとんどなく、全く軽視されています。誤答には子どもたちの素直な考え方や、ユーニークな着想が隠されていることがあります。それを「掘り起こすコミュニケーション営為」の中に、教育的営為が求められるものと考えます。

「誤答」を重要視するということは、何よりも生徒たち一人ひとりの学習の状態を注意深く観察し分析することであり、「発見―観察―分析」のプロセスから、さらに「方策―計画―実践」の手立てを講じていくことが大切です。

子どもたちは、いつも計算を間違えたり、漢字や言葉遣いを間違えたり、考え違いをして誤った答えを言ったりします。またわざわざ水溜まりに足を踏み入れて滑って泥だらけになったり、誤って教室のガラスを割ってしまったりすることなどは、日常的な微笑ましい出来事なのです。子どもたちは間違ったり失敗したりすることが得意なのです。腕白や悪さや悪戯は子どもの特権なのです。

子どもたちは本来優れて活動的な存在であり、何ごとにも強い関心を働かせて積極的に行動し、失敗や困難に出会い、多くの経験を蓄積して成長します。決して失敗を恐れたり回避することはありません。失敗や困難な事態は、むしろ人間の自己形成に欠かせない重要な問題であるのです。失敗の経験を数多く蓄積してこそ、より人間的資質を高めることに繋がります。

思考を深めるコミュニケーション営為

『君たちはどう生きるか』（吉野源三郎）の、コペル君の叔父さんのノートに書かれた文章の一部分を教材とした授業の実践事例です。コペル君は、地動説を提唱したコペルニクスから叔父さんが付けた愛称です。

君は、小学校以来、学校の修身（道徳？）で、もうたくさんのことを学んできているね。人間としてどういうことを守らねばならないか、ということについてなら、君だって、ずいぶん多くの知識を持っている。それは、無論、どれ一つとして、なげやりにしてはならないものだ。（中略）

もしも君が、学校でこう教えられ、世間でもそれが立派なこととして通っているからといって、ただそれだけで、いわれたとおりに行動し、教えられたとおりに生きてゆこうとするならば、コペル君、いいか、それじゃあ、君はいつまでたっても一人前の人間になれないんだ。子供のうちはそれでいい。しかし、もう君の年になると、それだけじゃあダメなんだ。肝心なことは世間の眼よりも何よりも、君自身が、まず、人間の立派さがどこにあるか、それを本当に君の魂で知ることだ。そうして心底から立派な人間になりたいという気持ちを起こすことだ。いいことをいいことだとし、悪いことを悪いことだとし、一つ一つ判断してゆくときにも、また、君がいいと判断したことをやってゆくときにも、いつでも君の胸からわき出て来る、いきいきとした感情に貫かれていなくてはいけない。

教師は文章プリントを生徒に配付して、「この文章をゆっくり考えながら黙読してください」と指示して、黙読の終わるのを待ちます。

そして「この文章の一ばん大切だと思う箇所に傍線を引いてください」と課題を課し、次いで「二ばんめに大切だと思う箇所にも傍線を引いてください」続いて「三ばんめにも同じように傍線を引いて、①②③と付記してください」と指示して、それを全員に発表させ、パターンごとに整理して板書します。

(一)①いきいきとした感情―②自分自身の判断―③教えられたとおりに行動しない

(二)①いきいきとした感情―②人間の立派さが何かを知る―③自分自身の判断

(三)①人間の立派さが何かを知る―②自分自身の判断―③教えられたとおりに行動しない

仮に、①②③のパターンが、(一)(二)(三)のようになった場合、その理由について話し合いをさせ、①②③を自分なりの文章にまとめさせて、代表に発表させます。

さらに教師は「学校で教えられたとおりに行動し、教えられたとおりに生きてゆこうとするならば、君はいつまでたっても一人前の人間になれないんだ。」と述べられていますが、「学校で教えられたことは意味のないことなのだろうか」「価値のないまったくダメなことなのだろうか」、「君たちの本当の気持ちを文に書いてください」と課題を課します。宿題にしてもいいでしょう。課題をメモさせてレポートと一緒に提出させます。メモの提出によって教師の課したことが理解されていたか、コミュニケーションの成立を確かめることができます。

何よりも教師の教育活動は、常に生徒の目線に添って営為されることが基本とされます。教師の話したことが、生徒にどう受け止められたか確かめながら展開していくことが肝要であり、生徒にも、教師の話したことがきちんと受け止められるようなコミュニケーション・スキルを培っていく必要があります。

このような授業を何度か重ねることで、生徒たちは次第に学習方式を心得て、教師の指示がなくとも自ら傍線を引いて、「主題」を「考えながら」文章を読む習慣を身に付けるとともに、「自分のことば」で文章化することによって、自分なりの「ものを考えるスキル」を会得して、臆せず自分の意見が発表できるようになりました。

私は他の授業においてもこの授業方式を試みています。単に教科書の教材文を読むことを指示して、解説したり、質問したり、問答したり、するのではなく、生徒自身に「課題」を意識した討論を求めるのです。

こうした授業・教育的営為が、生徒たちに与える「刺激」や「影響」について計り知ることは極めて困難ですが、一部には「社会的な矛盾に悩み、葛藤する」ような事態の素地を形成することになるかも知れません。或いは逆に「葛藤には全く無関心」や「回避」してしまうような事態を生じ、かえって思わぬ逆効果を生んでしまう可能性も想定されます。

この授業の真の目的は実にここにあります。単に教材文を読んで思考し理解し受容して終わるのではなく。生徒自身の生き方に問いかけをしていくのです。

生徒は、人間の現実的な行動欲求と、人為的に規制された行動パターンに対応する落差を自覚し、それに妥協するか、積極的に自らのものとするか決心（選択）しなければなりません。

疑問を啓発するコミュニケーション営為

小学校高学年の道徳の授業です。

「ある学校では勝手に教室の中を歩き回ったり、授業中に大きな声で話したりする子どもがいるということを知っていますか。「それはどうしてなのだろう」「みんなはきちんと席に着いて、授業中に歩き回ったり、大声で話したりしないだろう」。「でも、先生が教室に来る前は、みんなも教室の中を走り回ったり、大声で話したりしていないだろうか」「教室の中を走り回っても、大声を出してワイワイ騒いでも構わないのではないだろうか」と疑問を呈しました。

生徒たちは戸惑ったような顔をしてヒソヒソ話し合ったりしています。やがて「先生、授業中立って歩いたり、大きな声で話してもいいの？」と言い出す生徒がいます。教師は「さあ、（少しの間、考えるような顔をして生徒ひとり一人の顔を見つめながら）それを君たちみんなで考えてみてください」と、課題を投げかけ、十分な時間を取って話し合いをさせます。

どんな問題があり、どのように整理されていくのか、生徒達の間を歩きながらしばらく様子を見守ります。

さらに教師は「どうだろう。みんなは授業中、長い時間、席に着いたままでは退屈してしまわないだろうか、それで勉強が楽しいだろうか」と反問します。

生徒は現実的な行動欲求と規制された行動パターンに対する落差の問題に当面しますが、生徒の主体的な感性や思考力に働きかけ、人間的な偽らない声を引き出して「深い思惟」を膨らませ、さらなる問題解決のための「思考プロセス」の形成に導いていきます。

教室内は急に熱気を帯び大きな声で意見を述べ合う様子が伺えます。話し合いの結果、意見がまとまらないこともありますが、敢えて「結論や合意を引き出す」のではなく、むしろ未解決のまま、生徒の主体としての知恵に委ねます。

さらなる課外学習として、「どうだろう、社会にはこのような「食い違った」ような問題が沢山あると思うが、君たちはそれを見つけて自分の意見を書いて、先生に見せてくれないだろうか。」「時間が掛かっても構わないから、挑戦してみてください。」と問いかけます。

最近の生徒を取り巻く教育環境は、「いじめ」をはじめ、「進学・受験勉強」などの現実的な問題を負わされ、生徒の中には塾教育に重点をおいて、公教育の学校では意欲も示さず、授業中に居眠りをするケースもあるそうです。

「知識偏重」の教育は「教えられたこと」を「記憶」し、必要に応じてそれを単に「再生」して機敏に「活用」できるような力を培う教育です。つまり定められた価値観の再生・活用に過ぎません。「知識偏重」の教育の拡大が、生徒の主体性において自らの知性や心性を育て、「自己形成に」に資する思惟や行為を育む教育とは、大きく乖離するものであると言えないでしょうか。

ゲオルク・ジンメルは『疑問を提出することは、それを解決することでなければならない』と論断していますが、いずれにしても教師は、学習者の意識や心性に何らかの痕跡を止どめたことにおいて妥協し、学習者の自己形成に質するものを確かに付与することができたかを、自らに問い続けるばかりです。

このことは教師の教育的営為における、「悲哀」や「欺瞞」とも言うべきものでしょうか。

イン・フォーマル・エデュケーション

イン・フォーマル・エデュケーションとは、通常の授業以外の場や機会における教育的な働きかけを意味しますが、これまで教育的な営為としての体系的な理解や把握がなされてきませんでした。

例えば、休み時間の廊下や階段で、生徒の肩に手を添えて何気なく話かけたり、廊下の曲がり角で行き合った時など、思わず「オッス」と笑顔で声かけて握手したり、昼食時に、学校とは全く関わりのないことを話題にしたり、授業中の机間巡視の時に学習に集中できずにいる生徒の頭をそっと撫でてあげたりするなど、スキン・シップやタッチングを伴った関わりによって、生徒との親密感を深めることができます。私の小学生の頃には先生と一緒に「鬼ごっこ」や「縄とび」をした覚えがあります。

このような教師と生徒との関わりは、従前から一部教師に普通に行われてきましたが、今では幼稚園や保育園でしか見られなくなりました。

学級崩壊など憂慮される事態が頻発する今、改めて教育的営為として体系的に位置付けて把握されることが必要であると考えます。

イン・フォーマル・エデュケーションは広範な概念として想定されていますが、ここでは極めて卑近な事例の提示に止どめました。

第四章　教育活動におけるコミュニケーション営為を支える視点

人間も、社会も、過誤や不充分さや不確かさに満ちていると言えるのではないでしょうか。私たちは決してこのことから逃れることはできません。

一般に理性的であることを「善」とし、対置して感情的であることや、一貫性のない言動や、矛盾するような事態を「悪しきもの」とします。しかし、感情を有しない人間は人間ではあり得ないように、理性的でない人も、一貫性に欠ける人も、矛盾に悩むことのない人も、人間ではあり得ないのです。理性は感情と常に連動して働き、単純に対置されるものではありません。

「矛盾するもの」や「対置するもの」には、多岐に渉る対立や、深刻な軋轢や、大きな落差が介在し、隠されていることでしょう。それだけに多くの「選択肢」があり、どのような状況であっても「自己決定」が求められます。

「教育的営為」も「コミュニケーション営為」も例外ではなく、常に過誤や不充分や不確かさと、不即不離に作用し機能しているのです。

コミュニケーションとは、不完全な話し手と聞き手とが、互いに補い、互いを支え合いながら成立させている関係なのです。不完全なままに相手に委ねられた「ことば」は相手の解釈によって補われるのです。こうしたコミュニケーション営為を続けることによって互いに理解が深まり、伝え合う意味や内容だけでなく、互いの想いなども忖度し合って受容されます。それは、基本的生活習慣の形成にも関わり、自己形成にも作用する問題であり、コミュニケーション・ハビットにも繋がるものです。

何よりも教師の教育的営為は、常に生徒の目線に添って営為されることが基本とされます。教師のコミュニケーション営為が生徒に「受け止められたか」確かめながら学習活動を進めていくことが肝要であり、生徒にも、教師の話したことが正しく受け止められるようなコミュニケーション・スキルを培っていく必要があります。教師のコミュニケーション営為は、単なる文言のコミュニケーションではなく、ヒューマン・スキルとして営為されなければなりません。

教育的営為におけるコミュニケーション営為に関する実践の考究については、「脳科学」や「進化心理学」や「社会科学」や「コミュニケーション理論」等の知見に基づいた視点から整理してみましょう。

学習能力を「感情」と「知性」の視点から考える

人間の感覚の発達は、すでに出生時から始まり、周囲の環境や人との関わりの中で、初めて人間らしい感覚を機能させるようになります。

石川幹人（明治大学教授）は、『人は感情によって進化した』（ディスカヴァー携書）において「感情は、長いあいだ動物としての進化をへて、つぎに人類としての進化をへて、形成されました。それは生活環境への適応の歴史です。」また、感情発生の始原を「感情はジャングルや草原で身につけた。」として、人類の大脳の新しい資質の形成とともに、「社会的な環境のなかで円滑に生きていくための方策に由来します。」と規定しています。

私たちは、例えば、谷川の水に手を浸したとき「冷たい」と感じるなど、感覚と感情とは相互に同時的に働きます。外的環境からの刺激が五感と呼ばれる視覚、聴覚、触覚、臭覚、味覚などの感覚器官に入力され、その刺激情報が脳に伝わり、感情に転換されて認知されるのです。つまり、外的環境からの情報を認知すると同時に、感情的にも受容されるのです。そして感情の形成過程には認知に伴って、知覚や、記憶や、解釈や、思考や、判断などの心的活動が働き、「思考プロセス」に作用して「感情的な要素」が思考を方向づけることも認められています。

西垣通（東京大学大学院情報学環名誉教授）は『こころの情報学』（ちくま新書）の中で、「日本人にとって心とは『論理的な思考活動を行うインテリジェンス』ではなく、『感情をもったハート』という色彩が強い。」と論述して、さらに、ミンスキーの、「『思考

（ソート）』と『感情（エモーション）』とを切り離すのではなく、『感情』を論理性をもったある種の『思考』とみなします」という論説を開示しています。

「感情」は人の「心」のまわりに生起し、感覚と感情と意識などが複雑に連動してさまざまな「心の動き」が現れます。意識的だと思われていた「思考のプロセス」に、「無意識的な感情」が関わっていることがあり、その「心の動き」は極めて個人的な「独自性」に富んだものであり、「個人差」も大きいものです。

外界の「感覚情報」の「意味解釈」は、より直感的である「イメージ」によって行われ、ともすると「選択」や「判断」を誤りやすく、人によって一様ではなく、そこに恣意的な意味解釈の違いが生じることがあります。

さらに、その人の「感覚」や「感情」や「意識」や「思考」の実際については、他の人や外部から客観的に知ることは不可能であり、想像や仮定に依拠するほかはありません。伝えられる情報がそのままストレートに受容されるのではなく、何らかの感情や解釈によって認知され受容されるのです。

受容された情報は、修正されたり、加工されたりして蓄積（記憶）され、再び伝えられていきます。

「感情」は、コミュニケーション営為にも大きな影響を及ぼします。私たちは話合いや対話の中で、いつも表情や身振りや声音や話し方などによって「楽しい」とか、「よく解る」とか、「おかしい」などといった、共感や親和感を醸成してコミュニケーション営為を行ってきました。

「そうだ、氷が溶けたら春になるんだ。」という発言を誘発したことは、生徒たち全員に「氷が溶けたら春になる」ことを「共感」させ「共有」させることができたことと思います。

また僻地校の「歩測距離と時間の関係」の学習活動や、道徳の授業の『君たちはどう生きるか』や「授業中に立って歩いて、学習に集中できない生徒」の問題についての学習においても、普段には、「気づかなかった」ことや、「考えてもみなかった」問題に、小さな「驚き」や「戸惑い」を感じたり、「疑問」に感じたり、あるいは「共感」したりして、生徒の「ものの感じ方」や「多様な考え方」や「意見」を述べ合う活発な学習活動が構成されました。

「共感」とは、英語（sympathy 又は compassion）の語源では「共に苦しむ」という意味である（鷲田清一・京都私立芸術大学学長）と言います。異なった多様な考え方を「ぶつけ合って」「思索を練る」ことであるとも理解されます。共感はその背景にある意味内容の「共有」に依拠します。他の人の話に耳を傾け、「意を尽くした意見」を開示し合うことが大切であり、心的な働らきは「柔軟・可塑性」に富んだものであることが求められます。

いずれにしても生徒たちの「感性」に「働きかける」ことが重要な「視点」であり、そこに依拠した学習活動が求められます。

教育というと、何か「文字や文章」や「数や計算」や「歴史」や「化学」などの知識を学ぶことであると思われがちですが、むしろ人間的な諸感覚に働きかけ、「感性を育てる」とともに「知性を育てる」ことを最重視した、自己形成に資する「思考スキル」や「学習スキル」を培っていく必要があります。

「思索によってのみ、思索を学べる」ということが「真」であるとするなら、「感情によってのみ、感情を学べる」ことも「真」であります。

学習を人間の「自己学習能力」の視点から考える

序章や第一章において、乳幼児期における言語の発生や、言語発達のプロセスについて記述していますが、今井むつみ（慶応大学教授）『学びとは何か』から「進化心理学」の知見を紹介しましょう。

「私たちは学校で『て』『に』『を』『は』の規則を教えられて、使い方を覚えたわけではない。子どものときからずっと、日常会話の中で使われるのを聞き、自分でその意味（どういう時に使うのか）を推測し、実際に使ってみる。これをずっと繰り返しつづけることで『て』『に』『を』『は』の使い方を体に覚えさせ、意識しなくても自分のそのときの意図に応じて、使い分けができるようになる。つまりその知識が体の一部となるのだ。知識はこのように体の一部になってこそ生きて使えるようになる。逆に言えば体の一部になっていない知識は、使えないということである。」と論説して、子どもは生まれながらにして「自学能力」を有していることを明らかにしています。

さらに、「人類は言語を持つことで先駆者が築いてきた知識を、次世代に受け継ぎ、その知性を進化させてきた。ことばで指示し、教えることは知識を共有するために効率的だ。しかし、その効率性の背後に危うさも潜む。」と指摘して、「子どもは小さいころから『教えてもらうことを覚える』のに慣れ、それが当たり前だと思ってしまい、生来実践していた『自ら発見する』ことをしなくなってしまうのである。」と、その「慣性化」に危惧を述べています。

私たちがある状況の中で、何かを「知ったり」「思考したり」「判断したり」するとき、自分の「先見情報」によって規制される傾向が強く、自発性・創造性の衰退を来し、「探求生・思索性」の不足を招来することになります。

今井氏は重ねて、「知識は自分で発見するもの、使うことで身体の一部にする」ものであり、「様々な現象に対して『なぜ?』と問い、自分から答えを求めていく姿勢である」として、語彙や知識の「肉体化・内面化」を重視した「教育営為」の重要性を示唆しています。

ことばを「学ぶ」営為は、ことばを「表出」して「真似る」行為であると同時に、「知覚」したり、「探索」したりする思案も含んでいるのです。「体に覚えさせる」「体の一部になる」という「経験的・具体的」な知覚作用は、「模索・試行・反復」する過程に形成されますが、その「実用的」な知能は、身近な周囲の人々との関わりの中で少しづつ変容し、「概念的・論理的」な知識を形成していくのです。

実践事例における、生徒たちの「話し合い活動」は、「自学自習」の機会とその場を構成するものに他なりません。

鷲田清一は、『濃霧の中の方向感覚』（昌文社）の「教育」の章の記述の中で、「教育という事業は、『教え育てる』ことではなく、そこにいれば子どもたちが『勝手に育つ』ような場を開いておくことだと考えてきた。」と述べられています。

学習活動を「手指の巧緻性」と「運動」という視点から考える

M・モンテッソーリは、「人間が、脳と運動に関する諸感覚と器官とをもっている以上、これらのものは作用しなければなりません。手は知性によって導かれてある種の仕事をし、精神的意思を実現します。…子どもは手を働かせることによって発達するのです。」と論述し、さらに、「精神的な発達は、運動に結びついているものであり、運動に依存しているものである。」としています。

ピアジェも、「子どもの知能の発達は感覚と運動で始まる。」と論述しており、発達が生活体の活動・運動と不離の関係にあるとしています。

またピアジェは、発達の過程は「循環」の過程であるとしていますが、むしろ螺旋的（スパイラル）にその機能を高めていくものと捉えれます。

D・ジョナス／D・クラインは、「人間の脳のいろいろな部分は、同じように大きくなったのではない。最大の部分は機能上もっとも重要なところである。」としています。（体制感覚野と運動野の分業図を参照）

「例えば、手を支配する部分は足を支配する部分よりもはるかに大きくなっているが、これは脳の容積の増大が道具を使いはじめから起こったもので、巧みな道具の使用に対する自然淘汰の結果、手と手を支配する脳の部分の比重を倍増したという考え方を支持する一つの事実である。」と論説しています。

体性感覚野と運動野の分業（ペンフィールド）

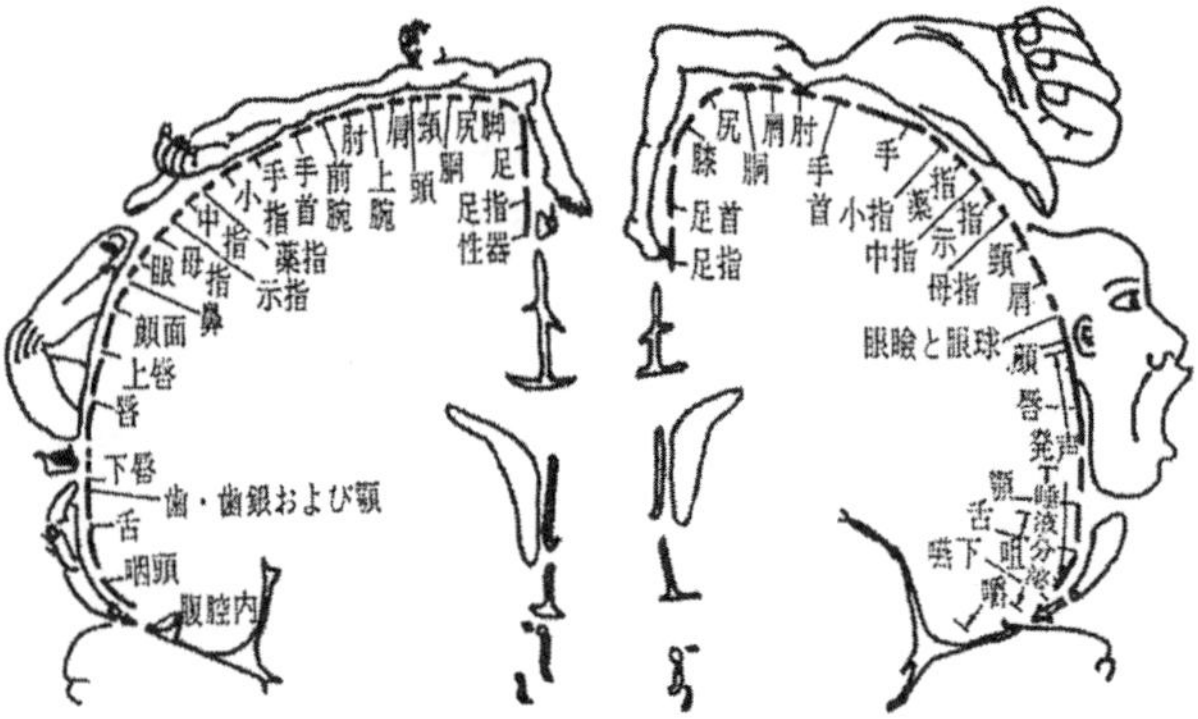

原始、人間は手を使って石器を作り、石器を用いていろいろな「道具」を考案し、狩りなどに必要な弓矢を作り、土器などの生活必需品を作り、住居を設え、畑を耕すなどして、生活を維持してきました。

手の働きが極めて多彩であり、巧緻性に優れていることが、人間生活を豊かにしてきたことは、原始以来、現代に至る人間的営為の中に見ることができます。

ところが、１９６０年代後半に、子どもがナイフで鉛筆が削れない、リンゴの皮むきができない、紐が結べないなど、子どもの手の「働き」が蝕まれ、人間的な発達が阻害されている事実が問題になり、自分の手や道具を使って環境に働きかける経験の貧しさが問われる事態を現出しました。

手指の発達と機能の基本は、物を「つかむ」ことと「つまむ」ことです。手を使って、物をつかんだり、持ち上げたり、物を移動させたり、投げたりするとき、手の筋肉が働いて機能します。私たちが手を自由に操作できるのは、外部情報を手の感覚器官から神経を経由して脳に伝え、脳が指令を出して筋肉を収縮させることによります。分化した手を働かせているのは発達した脳であるのです。

手指による「道具」の使用は、手の運動機能のみに関わるものではなく、目と手の動きが供応することが重要であり、より高度な機能を発揮します。

手は「運動器官」であると同時に外部環境の情報を集める重要な「感覚器官」であり、

「感覚刺激」によって脳は必ず働いています。

脳科学の知見では、「手は第二の脳である」とも「手は外部の脳である」とも言われるように、さまざまな人間の行為における、認知や、探索や、意思決定や行動にも働きます。

『君たちはどう生きるか』の学習活動の文章の「主要な箇所に傍線を引く」という作業を通して、要点をとらえながら「主題」を読み解く学習についてですが、文章を目で追いながら読む作業と、声を出しながら読む作業と、読みながら要点に傍線を引く作業を伴った場合の、意識の集中の違いを試してみてください。

人間の意識の集中には、僅かな作業を付加するだけで考え方のバリエーションが豊かになり、「体を通して学ぶ」学習活動にも繋がるものです。

教育的営為を失敗や過誤という視点から考える

エレン・ケイは『児童の世紀』の中で、「失敗したり、間違ったりすることも、子どもの権利である。」と論説しています。

D・ジョナス／D・クラインは、「人類は失敗に対する創造的対応によって成長してきた。」と述べています。

私たちは失敗や過誤を重ねながら人生を営為しているのであり、失敗や過誤は日常的なことであり不可避の問題であります。

またジャン＝ピエール・ランタン（科学ジャーナリスト）は『われ思う、故に、われ間違う』の中で、「錯誤、勘違い、へま、失策、間違い、誤解、思い違い、とり違い、曲解、過ち、誤算、誤謬、ポカ、しくじり、失態、どじ、錯乱、不条理、まやかし、幻想、妄想、幻覚、無分別、幻視、駄洒落、駄弁、世迷いごと、迷論…」などを挙げて、「科学の歴史や教育はずっと長いあいだ科学者のおかす間違いをぜんぜん問題にしてこなかった。」「成功や成果ばかりが語られ、誤謬という副産物にはほとんど触れられることがなかった。」と批判しています。

さらに、「誤謬は科学のために豊かで多様な土壌を形成している。科学はそこに根ざし、そこから力をひきだしている。」と言説しています。

また「誤謬なしには、なにもできないし、進まない。誤謬は本質的で、不可欠で、根源的な重要性をもったものである。」と論断しています。

時、同じくして、「リチウムイオン電池」を開発した吉野彰氏が、ノーベル化学賞を受賞したというニュースで日本中が沸き返っていますが、実は、共同受賞されたウィッティンガム氏や、グッドイナフ氏が１９７０年代に試作しましたが、爆発の危険性を残したままであった問題を解決して、実用化に成功したのが吉野彰氏だったのです。リチウムイオン電池の開発に「失敗」したウィッティンガム氏やグッドイナフ氏の共同受賞は、「発明や創造」のためのモチベーションとなった、「誤謬」が正当に評価され、意義づけられたものと思考します。まさにランタンの指摘そのものではないでしょうか。

私たちは児童期の早い時期から、「失敗は成功の基」という格言を知らされてきましたが、私自身、実際にそのようなことを体験した自覚はありません。失敗や間違いなどは曖昧のままにやり過ごしてきたように思います。

教育の実際においても「正答」や「成功」を重視し、学習者の「つまずき」や「過誤」や「失敗」などについては等閑に付され疎かにされてきました。研究者や実践家による、学習者の「つまづきや間違い」に注視した教育的な働きかけの言説に触発されることはありましたが、体系的な教育活動として位置づけられたものではありませんでした。

しかし「体系的なもの」とは、何か「指導要領」とか「手引書」ようなものがあればいいといったものではなく、「指導要領」にしても「教師自らのもの」とするのでなければ意義がありません。「体系的な位置づけ」とは教師自らの知識や経験や認識や理念の統合されたものとして把握されなければなりません。

当然、「先賢の知見」による「学び」や「触発された思索」などに裏づけられて整理されたものであることが求められます。

失敗や過誤を大切にする実践は、〈氷が溶けたら春になる〉といった誤答とはいえない問題を焦点化した学習活動や、乗法九九の修得における間違いを正して確かな理解を深める指導や、主要な箇所に傍線を引く活動や、道徳の学習の実践事例にも通底するものです。

普段、「何気なくやり過ごしてきたこと」や「疑問に思ったこと」や「あまり深く考えずにいたこと」などを意識づけ、焦点化して生徒たちに「問い」を形成して、「モチベーション」や生徒なりの「思索を深める」という視点からの実践を構成していくことが肝要であります。

学習活動における「問い」を構成するという視点から考える

人は、「子どもの成育時において家族という社会関係の中で、幼い自我のアイデンティティを基礎づけられて、社会化のプロセスがはじまります。」(内田)独自なひとりの人間として「自己形成」を重ねて、社会的に「自立」した生活を営為していくのです。つまり、「社会化のプロセス」は「自己形成のプロセス」でもあるのです。

「自己形成」とは不断の「問い」による「自己模索」の質を高めていく営為によるものです。「自己模索」とは端的には「考える」ことであり、「自分自身との対話」であり、(今、自分は何をしているのか、何をしたいのか、何を考えているのか、これからどうしようとしているのか)などと「自問」することです。このような「自己循環的」システムの中で、意味を確かめたり、意識や認識などが形成されていくのです。そして「問い」には「自己模索」のための「方向性」やモチベーションがなければなりません。

モチベーションは多様な社会環境や、自分の存在の立場の違いによって「自己模索の問い」の質的な落差を現出します。社会環境などによる「ファクター」の一つに、情報化時代の横溢する情報に惑わされ、通勤電車の中でも携帯電話に熱中したり、インターネットに没頭し、書籍や新聞もあまり読むこともなく、意識や行動にも「偏り」と「均質化」が増大する可能性があります。自己模索の営為も「不確か」なものに陥ってしまいます。

いま一つは、少子化による「核家族化」が進む中で人との関わり合いは希薄になり、孤独なままの自己模索は「閉鎖的」なものにならざるを得ません。

人は、社会環境の中で人との関わりを通して、何かを共有したり、相互の理解を深めたりすることがなければ、社会化による「自立」もあり得ません。積極的に意識的な「関係づくり」を心掛けていく必要があります。

梶谷眞司（東京大学院総合文化研究科教授）は、『考えるとは、どういうことか』（幻冬舎新書）において、「子どものための哲学というハワイの学校において実践されている授業について紹介しています。

「子どもたちが真剣に考えながらも、うれしそうに笑っている様子を見て、何とも晴れやかな衝撃を受けた。そうだ、考えることは、一人でやっても楽しいけれど、こうやってみんなでやれば、もっと楽しいんだ！　だったら対話の場を作ればいい！」と「対話教育の必要」を強く提唱しています。

さらに、「『考える』ということがどういうことか、人に問い、語り、人の話を聞くということがどういうことか、私自身、はじめて分った気がした。」と、その時の感慨を述べています。

また「『知識』ではない『体験』としての哲学とは、『考えること』そのものを指す。『考えること』は『問い、考え、語ること』である。」「したがって、『考えること』は、『対話』である。」「『哲学対話』は、考える事を〝身をもって〟学ぶことである。それには『対話』という形がふさわしい。そこでは互いに意見を出し合い、いっしょに考える力を磨いていく。」と言説して、日本においても「哲学対話」を提言して実践されています。

次いで、いくつかの実践例を挙げて、具体的な理念や方法論などを開示されていますが、引用をより簡略化して関連する視点について解説を試みてみましょう。

＊　問うことを学ばないところでは、考えることも学べるはずがない。

＊　「考える」ことは「問い」があってはじめて動きだす。「問い、答え、さらに問い、

＊答える」―この繰り返し積み重ねが思考である。「分らないこと」がたくさんあれば、「問うこと」「考えること」が増える。（「思考スキル」が形成されるようになる（筆者注））

＊「考えること」は知的というより、身体的な活動であり、体で感じることであり、「知識ではなく、自分の経験にそくして話す」ことである。実生活における問いは、いくつもの問いが絡み合っている。（今井むつみ氏の言説と符合する（筆者注））

＊「聞くこと」は対話にとって重要である。「問い、考えたこと」は、聞いてもらえるから「話せる」のだ。聞いている人は必ず「考えて」いるのだ。

＊大事なのは対話に参加する人の多様性である。いろいろな人がいれば、それだけ問いも考えも多様になり、深まり、広がりやすくなる。（「氷が溶けたら春になる」「足歩距離と時間の関係」の学習に繋がる（筆者注））

＊結論をオープンにして「選択肢」を確保して考える。「結論が出なくてもいい」。結論や答を求めることに終わってはならない。（「道徳の学習」における「話し合い」の活動の構成に低通する（筆者注））

＊重要なのは、対話が終わった後である。本当の対話（思考）は、そこから始まる。（自己の内面における対話が「自己形成」に作用する（筆者注））

教育的営為における学習活動は、単に「教科書にある知識」を知ることではなく、「自分で課題を見つけ、自ら学び、自ら考え、主体的に判断し、行動し、問題を解決する」といった諸能力を啓発し、より人間的な資質を「育み、培う」ものとされていますが、現実はどうでしょう。

落合陽一（筑波大学准教授）は、『日本進化論』（SB新書）において、「今の教育で教えられていることは、生きていくために本当に役立つのだろうか？」と根源的な「問い」を提起しています。

「今の教育は、学習すべき内容が一方的に与えられ、それに疑問を抱くことなく勉強することが良しとされています。」「生徒全員が同じ科目を同じペースで勉強することを前提とした画一劇なものです。」と指摘し、「教師がメディアとして生徒たちに良質な情報を伝達できているとは言い難いでしょう。」と論断しています。そして「教育の目的を『標準化』から『多様化』にシフトさせることだと考えている。」と訴えています。

教育の「多様化」のための方途は、正に梶谷真司教授の提唱する「哲学対話」による「集団的話し合い活動」にあるのではないでしょうか。

本書において例示した実践事例も、すべて「集団的な話し合い活動」がベースとして位置づけられています。

「選択」という視点から学習活動を考える

私たちは、日々多くの「選択」の必要に迫られ、日常のささいなことがらや、通勤時の天候の具合や、職場の用務上の問題も、帰宅してから就寝までの時間をどう過ごすかなど、さまざまな「選択」を行っています。「選択」は人生における「必須」の問題であるのです。

もちろん、教育的営為においても、例外なく、いろいろな機会や場面においてそのさまざまな事態に応じた「選択」を行っています。

近代国家では学校教育は制度として義務化されていて、学齢期の児童は学校で勉強することが当然のこととされていますが、最近では学校教育に適応できない「不登校生」が激増し、その対応が「社会問題化」しています。

教育学者や研究者は「義務」は保護者にあり、児童には「権利」であるとする言説が専らですが、不登校生についての有効な解消策は講じられていません。

また近年の「学力偏重主義」による塾教育が盛況であり、学校教育が疎んじられている事態も憂慮され、教育の目的を「標準化」から「多様性」にシフトさせる（落合陽一）方向が、より可能な制度であるとの議論が高まっています。

一方、情報化社会の中で、高校生は「ジャーナリズム情報」や「メディア」について「どのように考えているのか」、（朝日新聞・2019年11月9日）「オピニオン＆フォーラム」

のシンポジウムにおいて、真山仁（作家）と高校生との興味深い意見交換が紹介されていました。

高校生は、「ジャーナリズムはウソばかり伝えていると軽視されているが、本当か」「新聞を含めメディアは、伝えたいことをカスタマイズ（作り換える）し読者を誘導して、自分たちの意見や考え方をすり込んでいる気がする」「政府の圧力によって、情報操作されたりしているから、真実は報道されていないのでは？」「筆者の意見が入っているため、真実が見極めにくい」など、「メディアへの不信やジャーナリズムへの疑問」が述べられていました。

また、ある高校生は、「もし人間が書いた文章が信用できないなら、あなたは何を信用するんですか？と逆に僕は聞きたい」と述べ、シンポジウムの幹事を務めた高校生は「意見は持っているだけではなくて、それについて考え、共有し、広げていくこと、またその意見を社会や世界と繋げることが大切だということを学べた気がします」と総括しています。

真山仁氏は、「新聞はウソをつく」という固定観念や短絡的な判断を指摘して、「皆さんが将来、社会に出て行く中で必要なのは、問題意識です。」と示唆し、「問題意識」という「選択の営為」を重視しています。

確かに、真実や事実を、「正しく伝え」たり「正しく見極め」たりすることは簡単ではありません。しかし、「真実」は、「人から与えられるものではなく、自ら発見するもの」なのではないでしょうか。「ウソを検証すること」が肝要であり、対置するものや矛盾するものをいかに自らのものとすることができるか、そのことによって、新しい「選択の視点」を得ることが可能であり、その苦闘のプロセスがなければなりません。

私は前者において、「考えてみると、人間は、本来ひどく『矛盾』した存在であります。信じることにおいて懐疑し、真実を求めることにおいてついに『破綻』せざるを得なくなるのはどうしてなのでしょうか。人間社会における『真実』とは、唯一絶対のものではなく、あくまでも相対的なものであり、むしろ『矛盾』そのものこそ真実の実相なのではないだろうか。」と記述しています。

シーナ・アイエンガー（盲目のインド女性）コロンビア大学教授は、「選択の科学」において、「自分の人生を『選択』という次元で、つまり自分に可能なこと、実践できることという次元でとらえた方が、はるかに明るい希望が開けるように思われる。」「『選択』にはいろいろな意味があり、さまざまな角度から切り込むことができる。」と論述しています。

フランスの哲学者サルトルの、『あれか、これか』という「哲学的問い」は、あまりにも有名です。「あれかこれか、そのいずれかであることを選ぶのは、われわれが選ぶそのものの価値を同時に肯定することである。」とします。しかし現代の若者は、サルトルの「哲学的思索」に殆ど触れることもないのではないかと思うとき、改めて先賢の知見に学ぶことを疎かにしてならないものと考えます。

私たちが用いる「ことば」の中にも、例えば「戸惑う」「逡巡《しゅんじゅん》（ためらう）」とか「試行錯誤」「相剋《そうこく》」とか「演繹《えんえき》」「捨象《しゃしょう》」とか「差異」「競争」「転換」とかいった用語には、すべて「選択」という意味が含まれています。古いメモ・カードには、「選択とは捨てることである」、また「教育は試行錯誤の過程である」と記述されていました。

最近の教育論議の中でも「選択」という概念が多く用いられています。梶谷氏が提唱する「哲学対話」において、『分からないこと』がたくさんあれば、『問うこと』『考えること』が増える。」と「選択肢」の拡がりを協調しています。

また今井氏は、「スキーマは覚えるべき内容に意味づけをする。外界の膨大な情報から必要な情報のみ注意を向けて『選択した情報』だけを記憶する。」としています。

さらに、鷲田氏は、「私たちの社会が、いつの日か大きな危機を迎えたとき、こんな考え方があった、こんなやり方もあり得る、という『選択肢』をどれだけ用意しておけるか。」と述べています。

このように、これからは児童・生徒にも「選択」の意味をしっかり理解させ、「選択すること」の思考スキル・学習スキル・行動スキルを身につけさせていく教育的営為が求められているのです。

先賢の言説やいくつかの実践事例において提示した、小集団による「話し合い」や「意見」「共感」「疑問」「問い」「体験」などを通して、それぞれが「耳を傾け」「語り」「新たな視点を提示する」など、集団的な思考の相互作用による学習活動を構成し、教師も学習者とともに「考え、語り」、一人ひとりの生活や行動にも繋がる教育活動を営為していくことが肝要です。

これらの諸能力は、受動的な知識・理解やテスト学力とは次元を異にし、数値評価や偏差値とは相容れないものです。一人ひとりの人生に関わる「個性的な」自己形成に「生きた力」として働くものであり、まさに教育の目的そのものです。

私の重複障害児教育の経験から言えることは、「すべての教育は個別（個人）指導」でなければなりません。教育的営為が、一人ひとりの子どもに確かな学習の成立を意図して行われる限り、あくまでも個別指導（個人との関わり）において実現するのです。

終章　省察の「まとめ」

教育の現場では、確かに落合氏の指摘する「教師がメディアとして生徒たちに良質な情報を伝達できているとは言い難い。」という実態を甘受せざるを得ないような実態がありますが、「良質な情報」と「その伝達」とはどのようなものかが「問われ」なければなりません。

序章に述べていますが、「教育におけるコミュニケーション営為は、教育営為と同義に等しい。」「教師の『専門性』とは『コミュニケーション営為』に求められる。」という根源的な問題に「強いこだわり」と「問題意識」を抱いて実践と模索を重ねてきました。

教育の実際は、多岐、多様に渉り、同じ教材による学習活動も、一つとして同じものはありません。学校の規模も、学習者の構成も、教師の配置も異なり、教師が「伝達」する「情報」の「内容」も「方法」もそれぞれに「独自」なものであり、「不確定な要因」に満ちて「個々バラバラ」な状態にあると言えます。

しかし、その「個々バラバラ」な状態は、落合氏の求める「教育の多様化」と異質なものなのでしょうか、同質なものなのでしょうか。

私たちは「多様性・独自性」を前提として、基本的に「教育的営為として共有」するものを必要としなければならないものと思考します。つまり、教師としての「知識や経験や認識や理念」などの「統合」されたものを「共有」することにあるのではないでしょうか。

その「共有できるもの」について、「脳科学」や「進化心理学」や「社会科学」や「コミュニケーション理論」などの知見に基づいた「視点から考える」ことを実践してきました。その「統合」された実践理論の具体化に求められるものは、「ロゴスとパトスの相剋」という永遠の課題に収斂されるものと思考されます。

このことは、ミンスキーの「『思考（ソート）』と『感情（エモーション）』とを切り離すのではなく、『感情』を論理性のもったある種の『思考』」とする論述に通底するものと理解されます。

教育的営為の主体は、言うまでもなく学習者です。学習者が存在しなければ教育営為も無用です。従来は教師が主体的な「関わり」をもつものとの理解が一般的でしたが、最近は、教師は教育営為の「プランナー」であり「プロデューサー」であり「コンダクター」であるとも考えられるようになってきました。したがって、教師の教育的営為としてのコミュニケーションは、学習者主体に機能しなければなりません。教育的営為は学習者ひとり一人の「社会化・自己形成」を動機づけ、援助することによって作用し機能するのです。

教師のコミュニケーション営為は「ヒューマン・スキル」「コンセプチュアル・スキル」であり、彼の「知識や経験や思索や理念」の統合されたものとして機能します。

後記　「あとがき」に代えて

前著『でも・しか教師の独り言―子どもとともに育つ教師でありたい―』を札幌市の柏艫舎から出版して、すでに十年余を経過しました。

当時は、論述に不足し、論考が未熟に過ぎた部分が少なからずあり、なによりも、教師にとって教育的営為と同義にも等しい「コミュニケーション営為」にこだわって、稿を改めました。

「教育におけるコミュニケーション営為」の理論的基盤の確かな地歩を求めて、「脳科学」や「進化心理学」や「社会科学」や「コミュニケーション理論」や「情報科学」等の「知見」に基づいた「視点」から、いくつかの実践的な主要課題の開示を試みました。

私は、教職を辞して25年余を経過しましたが、終生、教職における未熟さと誤謬と悔恨の自責の念を内省し、教育の実践的課題を問い続けてきました。

本書における「視点」の一端について、いささかの参考になるものがあれば、諸氏自ら、さらに敷衍して、自らの教育実践の「確かな理論的基盤の形成」のための参考に資していただきたいと希っています。

また、学習者の「学習スキル・思考スキルの形成」についても、執心して論考を試みました。合わせて自らの実践に即した検証を希います。

本書の出版に当たって、戦後間もない高校時代から詩歌文芸地方誌である「霧笛」でお世話になった、故郷、釧路市の藤田印刷株式会社・社長藤田卓也氏、ご子息の遊亀氏の労を煩わし、感慨を新たにしています。

（弥生・啓蟄の候　八十七歳・老残を生きる）

主な参考文献

教育コミュニケーション論　杉尾　宏（編者）　北大路書房
手と脳　久保田　競　紀伊國屋書店
子どもの遊びと手の労働　子どもの遊びと手の労働研究会　あすなろ書房
マン・チャイルド　D・ジョナス／D・クライン　竹内書店新社
こころの情報学　西垣　通（ちくま新書）　筑摩書房
学びとは何か　今井むつみ（岩波新書）　岩波書店
人は感情によって進化した　石川　幹人（ディスカヴァー携書）
考えるとはどういうことか　梶谷　真司（幻冬舎新書）　幻冬舎
ことばの力学　白井　恭弘（岩波新書）　岩波書店
学力低下論争　市川　伸一（ちくま新書）　筑摩書房
暴走する能力主義　中村　高康（ちくま新書）　筑摩書房
日本進化論　落合　陽一　SBクリエイティブ
選択の科学　シーナ・アイエンガー　文藝春秋
濃霧の中の方向感覚　鷲田　清一　昌文社
でも・しか教師の独り言　平田　禮一　柏艪舎

平田 禮一（ひらた・れいいち）
1933年　北海道釧路市に生まれる。
1953年　日本大学文学部史学科中退後、小学校に勤務。
1965年　障がい児学校に転ずる。
1967年　東京教育大学聾学校教員養成課程卒業。
1977年　財団法人・日本児童教育振興財団「心身障害児教育賞」事例募集で特選受賞。小学館の教育技術誌に掲載。
1983年　「重複障害児指導事例集」（文部省）に指導事例を執筆。
1992年　退職。
2007年　「でも・しか教師の独り言——子どもとともに育つ教師でありたい」（柏艪舎）出版。

教育のためのコミュニケーション営為に関する省察

2020年３月12日　第１刷発行

著　者　平田 禮一　HIRATA Reiichi
発行人　藤田 卓也　Fujita Takuya
発行所　藤田印刷エクセレントブックス
〒085-0042　北海道釧路市若草町３－１
TEL　0154-22-4165
FAX　0154-22-2546

印刷・製本　藤田印刷株式会社

ISBN 978-4-86538-107-8 C3037